L'Ultimo Bacio

EDIZIONI FARINELLI

FILM STUDY PROGRAM

L'Ultimo Bacio

ELDA BUONANNO

www.edizionifarinelli.com

Published by
Edizioni Farinelli
20 Sutton Place South
New York, NY 10022
Tel: + 1-212-751-2427
Email: edizioni@mindspring.com

ISBN-10: 0-9723562-3-1
ISBN-13: 978-0-9723562-3-7

Printed in the United States of America

Cover Design: Shannon Reeves; Edited By: Concetta Perna

ELDA BUONANNO

Elda Buonanno is adjunct instructor of Italian at Columbia University. A native of Caserta, Italy (near Naples), she taught at the University of Naples and other institutions in Italy before moving to the United States in 2001 to pursue a Ph.D in Comparative Literature with a specialization in Italian at the Graduate Center, City University of New York (CUNY).

In 1993 she received her BA in Modern Languages and Literatures from the University of Milan. She also holds a Certificate in Translation and Interpreting from the Istituto Superiore per Interpreti e Traduttori in Naples, Italy, and has translated for publications, for the High Court of Justice and for other Italian Government institutions.

In addition to her native Italian, Ms. Buonanno is fluent in English, French, written Spanish and classical Latin. She has lectured, made conference presentations and published papers on Italian literature and film.

~

ACKNOWLEDGEMENTS

I thank Jean Farinelli for the guidance, support and friendship she has extended to me throughout the process of developing this publication.

Special thanks also to Concetta Perna for her incredible editorial eye and helpful advice.

I am especially grateful to Kieran, my light, my shoulder and my first fan, who has always believed in my dreams and to whom this publication is dedicated.

Last but not least, I thank my father, my mother and my brother who have always been there for me!

NOTE TO TEACHERS AND STUDENTS

In my experience as an Italian instructor, I have observed that the teaching of the language through the visual experience of a movie, coupled with related instructional activities, makes the learning process more interesting and challenging while actively engaging the students. This approach also opens a door for students to understand the culture behind the language while improving grammar, vocabulary, listening, comprehension and writing of Italian. In developing this material it was also my intent to provide material that can help students prepare for standardized testing in the Italian language, such as the Advanced Placement® Italian language exam.

This study program breaks the film into seven sequences, each approximately 20 minutes in length.

L'Ultimo Bacio

Indice

Pagina

L'Ultimo Bacio

CAST TECNICO ARTISTICO

Regia, soggetto e sceneggiatura: Gabriele Muccino
Fotografia: Marcello Montarsi
Musica: Paolo Buonvino
Montaggio: Claudio Di Mauro
Scenografia: Eugenia F. di Napoli
Costumi: Nicoletta Ercole
Prodotto da: Domenico Procacci per Fandango
Italia, 2001
Durata: 115'
Distribuzione cinematografica: Medusa

PERSONAGGI E INTERPRETI

Carlo: Stefano Accorsi
Giulia: Giovanna Mezzogiorno
Anna: Stefania Sandrelli
Paolo: Claudio Santamaria
Alberto: Marco Cocci
Adriano: Giorgio Pasotti

Gabriele Muccino (1967)

Nasce a Roma il 20 maggio 1967. S'iscrive alla facoltà di Lettere dell'Università "La Sapienza," ma l'abbandona per avvicinarsi al cinema, *in qualità di*[1] assistente volontario di Pupi Avati e Marco Risi.

Nel 1991 segue i corsi di sceneggiatura *tenuti*[2] da Leo Benvenuti e quelli del Centro Sperimentale di Cinematografia. Per la Rai, realizza tre *cortometraggi*[3] trasmessi in "Mixer," dei brevi filmati per la trasmissione "Ultimo minuto" ed il cortometraggio "Io e Giulia," interpretato da Stefania Rocca. Dopo alcune esperienze come documentarista, nel 1996 dirige "Max suona il piano," uno degli episodi della serie "Intolerance."

---

[1] *in qualità di* = come
[2] *tenuti* = organizzati
[3] *cortometraggio* = breve film di durata non superiore ai 15 minuti

Nel 1998 realizza il suo primo lungometraggio, "Ecco fatto," con il quale partecipa al Festival di Torino, ricevendo una buona *accoglienza*[4] da parte della critica.

Con "Come te nessuno mai" (1999), divertente ritratto di un gruppo di adolescenti, Muccino partecipa con successo alla Mostra del Cinema di Venezia. Nel 2001, **"L'Ultimo Bacio"** fa del giovane regista uno dei protagonisti della stagione cinematografica: il film si colloca al secondo posto nella graduatoria dei maggiori incassi tra i film italiani e vince cinque David di Donatello (tra i quali quello per la miglior regia). Nel gennaio 2002, al film è pure assegnato il premio del pubblico al Sundance Film Festival: viene distribuito, negli Stati Uniti, l'estate dello stesso anno, ed è inserito dall'autorevole "Entertainment Weekly" tra i dieci migliori film dell'anno. È del 2003 l'uscita di "Ricordati di me," che ha ottenuto un ampio consenso dai critici.

Biografia adattata da http://www.Italica.rai.it/index

FILMOGRAFIA DI GABRIELE MUCCINO

1998 • Ecco fatto
1999 • Come te nessuno mai
2001 • L'ultimo bacio
2003 • Ricordati di me

A Comprensione - Rispondi alle seguenti domande sul regista:

1) Il regista ha terminato gli studi universitari?

2) Quali sono state le sue esperienze dopo l'università?

3) In quale anno è uscito "L'Ultimo Bacio?"

4) Che successo ha avuto il film? Ha vinto dei premi?

[4] *accoglienza* = il modo di ricevere un ospite, un visitatore, un evento, un film

INTERVISTA A GABRIELE MUCCINO

Che cosa significa per Lei fare il regista?

Fare il regista significa per me trovare una storia da raccontare e mostrarla al pubblico in un certo modo. Significa anche trovare il modo di raccontare delle storie in cui credo fortemente, per cui posso creare un film in grado di suscitare forti emozioni nel pubblico.

Che cosa pensa del cinema e della televisione?

Per recitare nel cinema bisogna avere talento, saper lavorare. In televisione è diverso: adesso basta andare in TV e piacere a qualcuno che si diventa subito un personaggio. Secondo me la televisione ha un suo ruolo negativo: è un meccanismo molto perverso. Le ragazzine che si presentano ai *provini*[5] per gli spettacoli televisivi, spesso fragili ed insicure, sono accompagnate da madri pazzesche che vorrebbero vederle avere successo per compensare insuccessi personali. Comunque non voglio essere troppo negativo, ci sono dei programmi televisivi che guardo e apprezzo. Non voglio essere snob, e sicuramente andrò a promuovere il film in televisione.

E qual è secondo Lei oggi il ruolo della famiglia?

Credo che le famiglie siano cambiate molto nel corso degli ultimi anni. Oggi mi sembra che tutti siano molto eccentrici ed individualisti, ed i figli siano talvolta difficili da gestire. Tuttavia, le famiglie sono tutte diverse tra loro. Nei miei film, io mi limito a registrare la realtà e quello che vedo. Ho una specie di *manìa*[6] per il realismo e la *verosimiglianza,*[7] tutto ciò che non è realistico per me è anticinematografico e non mi interessa.

Il Suo cinema sembra arrivare ad un pubblico molto vasto, dato il successo che "L'Ultimo Bacio" sta ottenendo anche all'estero. A cosa pensa sia dovuto?

Io parlo di una classe media, quella che qualcuno definisce borghesia e che ormai non esiste più. Non si può parlare di borghesia e proletariato nella nostra società; infatti, la classe media appare molto *eterogenea*[8] e non solo in Italia. Forse un giorno mi misurerò con un altro genere, ma per adesso parlo di quello che so.

Intervista adattata da http://www.Italica.rai.it/index

A Comprensione - Rispondi alle seguenti domande:

1) Che cosa vuol dire per Muccino essere un regista?

[5] *provini* = breve prova a cui si sottopone un aspirante cantante, attore, cabarettista
[6] *manìa* = fissazione ossessiva, idea fissa
[7] *verosimiglianza* = apparente conformità al vero
[8] *eterogenea* = diversa, differente

2) Che cosa occorre per poter recitare nel cinema? E in televisione?

3) Come sono le famiglie italiane oggi secondo il regista?

4) A quale tipo di classe sociale il regista si riferisce nei suoi film?

LA TRAMA

Il film si presenta come un mosaico di diverse storie e l'attenzione *si focalizza*[9] attorno alle coppie Giulia (Giovanna Mezzogiorno) e Carlo (Stefano Accorsi), Anna (Stefania Sandrelli) ed Emilio (Luigi Diberti), Adriano (Giorgio Casotti) e Livia (Sabrina Impacciatore), Paolo (Claudio Santamaria) e Arianna (Regina Orioli), Alberto (Marco Cocci) e le sue donne (tra le quali si riconosce per un attimo anche Carmen Consoli, autrice della canzone che dà il titolo al film). Un breve ma importante momento è riservato anche agli amanti abbandonati, Eugenio (Sergio Castellitto) e Francesca (Martina Stella), che saranno il motivo *scatenante*[10] di una serie di importanti reazioni.

Nel film assistiamo alle crisi dei protagonisti maschili che desiderano ritrovare le emozioni di un tempo e *si scontrano*[11] con le oggettive responsabilità e la routine dell'età più matura. Le protagoniste femminili, invece, appaiono molto più mature e pronte ad affrontare le difficoltà della vita.

Carlo, dopo una breve storia con la diciottenne Francesca, ritorna dalla sua Giulia, perché capisce che la vera felicità è con lei e la loro bambina Sveva. Per quanto riguarda i suoi amici, Adriano, dopo la nascita del figlio, non sta più bene con la moglie e decide di lasciarla perché è meglio così, per tutti. Paolo, dopo la morte del padre e la delusione della sua storia d'amore, convince gli amici a lasciare tutto e ricominciare da zero. Alberto, convinto che la "fedeltà sia solo un'utopia," decide di accettare il piano di fuga di Paolo. Questi tre alla fine sceglieranno di fuggire in camper verso l'Africa per arrivare poi, forse, fino in Australia. Gli amici, che insieme avevano brindato tra le fontane l'addio al celibato del neosposo Marco (Pierfrancesco Favino), uniti dalla stessa paura di crescere, alla fine si separeranno.

Le crisi non appaiono solo una prerogativa dei trentenni: i genitori di Giulia, cinquantenni sposati da 27 anni, dopo il grottesco abbandono di lei (Anna), sofferente per l'indifferenza del marito ormai da tempo rassegnato alla morte della passione, decidono di continuare a vivere insieme e affettuosamente ammettono che, comunque, "*ne è valsa la pena.*"[12]

---

[9] *focalizzarsi* = concentrarsi, basarsi
[10] *scatenante* = che dà origine ad una reazione
[11] *scontrarsi* = urtarsi, entrare in contrasto con
[12] *ne è valsa la pena* = è stata una decisione giusta

PRIMA SEQUENZA

Carlo e Giulia hanno appena saputo di aspettare un bambino e comunicano la bella notizia ai rispettivi genitori. Carlo e i suoi amici, Adriano, Alberto, Marco e Paolo, festeggiano l'addio al celibato di Marco. Anna manifesta al marito la sua infelicità ed il suo desiderio di lasciarlo. Lei incontra un vecchio amico Michele che le fa la corte, ma lei decide di respingerlo.

Ritroviamo Carlo, Giulia e gli altri amici al matrimonio di Marco dove Paolo incontra anche la sua ex-fidanzata e fa una scenata di gelosia.

ATTIVITÀ DI COMPRENSIONE

A 1) Ti ricordi chi ha detto le seguenti espressioni?

1. Ti ritroverai vecchio di un botto.	Alberto
2. Oddio è una cosa stupenda! Dobbiamo brindare!	Emilio
3. Tieni i nervi saldi!	Adriano
4. È un sacco che non ci si vede.	Anna
5. Ti prego, non ricominciare!	Paolo

A 2) Descrivi i protagonisti che hai appena "incontrato" con almeno tre aggettivi tra quelli che trovi qui di seguito.

gentile grasso affettuoso geloso magro pazzo infelice altruista serioso felice volgare ottimista pessimista alto basso intelligente raffinato vivace loquace stupido elegante maleducato educato interessante sexy egoista

Carlo è..

....

Giulia è..

....

I genitori di Giulia sono..

....

Adriano è..

....

Paolo è ....

....

Alberto è ....

....

A 3) Dialogo: Completa il seguente dialogo tra Carlo e Giulia con le parole della lista.

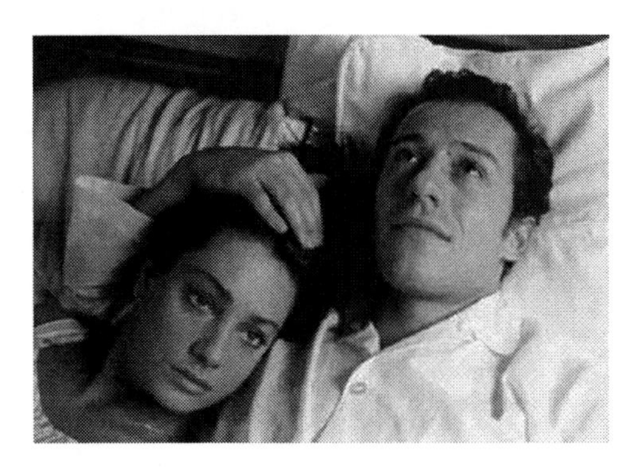

felice, gusti, discorsi, che cosa, a calcio, il nome, una femmina, contento

Giulia: Allora sei ....[1] che aspettiamo un figlio?

Carlo: Ma che domande?! Sono molto ....[2] per noi.

Giulia: ....[3] vorresti avere? Una figlia o un figlio?

Carlo: Non ha importanza. Se però è un figlio potrei giocare ....[4] con lui.

Giulia: Ma che................[5]! Piuttosto qual è ....[6] che preferisci?

Carlo: Non lo so! Se è...........................[7], mi piacerebbe Paola. Se è un maschio lo vorrei chiamare Alessandro. Che ne dici?

Giulia: Certo che hai dei ....[8]!!!

AREA TEMATICA: LA FAMIGLIA

B 4) Collega i nomi di genere femminile nella colonna A con i loro corrispondenti maschili nella colonna B.

A	B
La madre	Il genero
La figlia	Il nonno
La nuora	Il marito
La sorella	Il padre
La moglie	Il fratello
La nonna	Il figlio

B 5) Scegli la parola giusta tra quelle indicate.

1. Il figlio di mia zia è: **a)** mio nipote **b)** mio cugino **c)** mio zio
2. La moglie di mio fratello è: **a)** mia sorella **b)** mia madre **c)** mia cognata
3. La madre di mio padre è: **a)** mia nonna **b)** mia zia **c)** mia suocera
4. Il marito di mia figlia è: **a)** mio genero **b)** mio padre **c)** mio fratello
5. Il padre di mio marito è: **a)** mio nonno **b)** mio suocero **c)** mio cognato

B 6) Descrivi la tua famiglia in un breve paragrafo.

....
....
....
....
....
....
....
....
....
....

GRAMMATICA: PRESENTE DEI VERBI

C 7) Completa il dialogo tra Carlo e Francesca usando le forme corrette dei verbi nella lista. Ricorda che alcuni verbi possono essere usati anche più di una volta.

insegnare, dovere, andare, essere, sembrare, avere, lavorare, trovarsi, studiare, chiamare, apparire, frequentare, litigare

Carlo: Ciao. Io .... [1] Carlo. E tu come ti ....[2]?
Francesca: Piacere. Io .... [3] Francesca. Io e la mia amica .... [4] compagne di classe della sorella della sposa.
Carlo: Così tu ....[5] a scuola? Ma quanti anni .... [6]?
Francesca: Io ....[7] 18 anni, ma la mia amica .... [8] 17 anni. Noi ....[9] il liceo Giannone che .... [10] sulla Via Appia. Io ....[11] all'ultimo anno ma le mie amiche ....[12] al quarto anno. Anche tu........................[13]?
Carlo: No! Io .... [14] più vecchio di voi. Io .... [15] quasi 30 anni e .... [16] nel campo della pubblicità mentre mia moglie ....[17] alla Sapienza.

Francesca: Quei ragazzi là .... [18] i tuoi amici? Loro .... [19] molto simpatici!
Carlo: Si, infatti! Paolo, però, ... [20] molto geloso e .... [21] sempre con tutti. Alberto e Adriano .... [22] molto simpatici e intelligenti. Marco................... [23] un po' noioso ma è, in realtà, molto affettuoso. Loro .... [24] 29 anni!
Francesca: .... [25] andare ora! È stato un piacere conoscerti!
Carlo: Il piacere è stato mio!

C 8) Crea delle frasi combinando gli elementi delle tre colonne.

Mio fratello	Andare in vacanza	La carrozzina nuova
I miei genitori	Lavorare	Al ristorante
Carlo e Giulia	Partire	Nell'agenzia di pubblicità
Gli amici di Carlo	Lasciare	A calcio
La mamma di Giulia	Giocare	Il marito
Tu	Mangiare sempre	Nel mese di luglio
Voi	Telefonare	Per il viaggio di nozze
Alberto ed io	Comprare	A Paolo

1. ....
2. ....
3. ....
4. ....
5. ....
6. ....
7. ....
8. ....

SECONDA SEQUENZA

Giulia si ritrova in una stanza con Livia e discutono insieme delle gioie della maternità ma anche dei problemi che Livia ha con Adriano. Carlo si presenta a Francesca ed insieme salgono su una *capanna*.[13] Paolo torna a casa e parla al padre che è molto malato, poi, però esce di casa e va dalla ex-fidanzata. I due litigano e Paolo corre da Alberto. Anna è a tavola con il marito e gli comunica che lo vuole lasciare. Adriano e Livia litigano. Alberto, Paolo e Adriano decidono di partire.

ATTIVITÀ DI COMPRENSIONE

A 1) Metti in ordine il seguente dialogo tra Carlo e Francesca.

--Sì, abbiamo fatto l'università insieme. Tu invece non sei di queste parti? Da dove vieni? [a]
--Ci siamo già visti da qualche parte? [b]
--Che cosa vuoi bere? [c]
--Piacere, sono Carlo. [d]
--Sei amico dello sposo? [e]
--Io sono di Firenze, ma mi sono trasferita da poco con la mia famiglia a Roma per poter studiare al Liceo Giannone.... Ci sei mai stato sulla capanna? Ci vuoi venire? [f]
--No! Non credo! [g]
--È su un albero alla fine del viale. Vieni ti ci porto. [h]
--Io prendo un bicchiere di vino. Comunque sono Francesca! [i]
--Va bene, andiamo! [l]
--Una capanna??! Ma dove si trova? [m]

___, ___, ___, ___, ___, ___, ___, ___, ___, ___, ___

A 2) Scegli la/e risposta/e giusta/e tra quelle proposte.

1. Carlo incontra Francesca e all'inizio appare
a) contento. **b)** infelice. **c)** incuriosito. **d)** deluso.

2. Giulia abbraccia Carlo. Lei è
a) felice. **b)** arrabbiata. **c)** agitata. **d)** serena.

3. Paolo vede Arianna al matrimonio. Lui è
a) indifferente. **b)** preoccupato. **c)** geloso. **d)** arrabbiato.

4. Livia litiga con Adriano. Lei è
a) scontenta. **b)** amareggiata. **c)** soddisfatta. **d)** triste.

5. Alberto, Paolo e Adriano decidono di lasciare Roma, le famiglie ed il lavoro. Loro sembrano
a) preoccupati. **b)** felici. **c)** turbati. **d)** entusiasti.

---

[13] *capanna* = piccola costruzione fatta di canne o altri materiali vegetali

A 3) Collega le frasi nella colonna A con le definizioni nella colonna B.

A	B
1. Comprare un doppiopetto	**[a]** Moltissimo
2. Essere un professore	**[b]** Comprare una piccola casa con giardino
3. Da impazzire	**[c]** Sospendere temporaneamente di lavorare
4. Prendere un'aspettativa	**[d]** Abbandonare, desistere da un impegno o un'attività
5. Essere sul baratro	**[e]** Acquistare un vestito da uomo a 4 bottoni
6. Acquistare una villetta	**[f]** Essere vicino a (in senso negativo)
7. Essere a pezzi	**[g]** Insegnare una materia a scuola o all'università
8. Mollare	**[h]** Sentirsi stanco morto, depresso, in crisi

AREA TEMATICA: LA CITTÀ

B 4) L'intruso: Identifica il termine che non è presente nei locali menzionati.

1. **A scuola:** il bidello, l'aula, il preside, l'uccello, il maestro, l'alunno, la campanella
2. **Al cinema:** il produttore, la pellicola, la sceneggiatura, la scuola, l'episodio
3. **A casa:** la cucina, il salotto, il comodino, la camera da letto, la strada
4. **Al ristorante:** il menu, il sottopiatto, la mancia, il cameriere, la macchina, il centrotavola, la sala
5. **In ufficio:** il collega, il capufficio, lo stipendio, il dipendente, la stampante, il bambino, la segreteria telefonica, lo schermo, la riunione
6. **In albergo:** la nave, il pernottamento, la portineria, il bar, la camera singola, il servizio in camera, la pensione completa
7. **In discoteca:** la musica, il frequentatore, il locale, gli animali, il gestore, il buttafuori, le bevande analcoliche

B 5) Completa il seguente dialogo con gli elementi elencati qui di sotto.

accanto / la posta / sinistra / di fronte / la prima strada / semaforo

1. Buon giorno! Mi scusi, mi potrebbe dire dov' è ....?

2. Buongiorno! Certamente. La posta si trova in Via Roma, ed è .... al Cinema Rex.

3. Lei deve prendere .... a destra dopo il semaforo e poi deve girare a .... dopo l'edicola sul Corso Appio. Cammini fino al terzo ....: la posta si trova sulla destra dopo il supermercato e ....la farmacia.

4. Benissimo. Grazie mille!

B 6) Scrivi dei brevi dialoghi inserendo le indicazioni per arrivare ai vari luoghi elencati disotto.

Esempio: *Dove è la chiesa?* ***La chiesa è accanto alla farmacia.***

L'ufficio di Carlo	La farmacia	L'edicola

Il liceo di Francesca	L'albergo	La casa di Paolo	La trattoria

1. ....

2. ....

3. ....

4. ....

5. ....

6. ....

B 7) Completa le seguenti frasi con le parole opportune.

1. Se voglio ballare vado in..
2. Se devo studiare vado a..
3. Se faccio un incidente vado all'..
4. Se devo prelevare dei soldi vado in..
5. Per vedere un bel quadro vado al..
6. Se voglio vedere un film vado al..
7. Se voglio leggere un libro vado in..
8. Se prendo un treno vado alla..
9. Se voglio vedere una partita di calcio vado allo..
10. Per mandare una cartolina vado all'..

GRAMMATICA: PASSATO PROSSIMO

C 8) Completa le seguenti frasi con il Passato Prossimo dei verbi in parentesi.

1. Noi (andare)..al cinema alle 7.00.
2. Voi (guardare)............................il nuovo programma alla TV.
3. Mia madre (essere)................................male tutta la settimana.
4. Tu e tuo fratello (fare)................................una passeggiata nel parco.
5. Grazia (venire)................................in ritardo all'appuntamento.
6. Carlo e Adriano (lavorare)................................in agenzia fino alle 9.00.
7. Arianna (arrivare)..................................al matrimonio di Marco.
8. Alberto (bere)....................................una coppa di champagne.
9. Francesca, a che ora (partire)....................................da Firenze ieri?
10. Io (scrivere)....................................un articolo per il giornale.
11. Le mie sorelle (prendere)..........................il treno alle 6.40.
12. I miei cugini (rientrare)...........................in albergo stanchi morti.

C 9) Completa la descrizione di Paolo della sua giornata di ieri. Usa i seguenti verbi al Passato Prossimo.

studiare *bere* *lavorare* *scegliere* *incontrare* *seguire* *andare (2 volte)*

Sono uno studente all'Università La Sapienza e ieri, come tutti i giorni, ...[1] in classe. Il corso era molto difficile ed io.............................. [2] molto! Dopo la lezione, io .... [3] i miei amici, Marco, Alberto e Livia. Anche Marco e Livia.............................. [4] il mio corso e dopo la lezione noi..........................[5] su un progetto molto importante per l'esame finale. Dopo aver studiato, noi.............................. [6] in un ristorante vicino alla facoltà a mangiare un boccone. Noi.................................. [7] una specialità regionale ma .... [8] il vino toscano che ci piace moltissimo.

C 10) Descrivi in un breve paragrafo che cosa hai fatto la scorsa estate. Puoi inserire qualcuno dei seguenti vocaboli.

campagna mare montagna campeggio sole casa appartamento andare giocare partire nuotare dormire svegliarsi bambini ballare passeggiare

....

....

....

....

....

....

....

TERZA SEQUENZA

Anna vuole rivedere Eugenio, un vecchio amante. Paolo va al negozio e comunica allo zio di non volere più tornare a lavorare. Carlo va a scuola a prendere Francesca, la porta a casa e dopo corre a portare Giulia dal dottore. Dall'ecografia si vede che Carlo e Giulia aspettano una bambina. Anna incontra il suo ex-amante Eugenio con il quale vorrebbe tornare, ma lui la respinge.

ATTIVITÀ DI COMPRENSIONE

A 1) Rimetti in ordine le diverse conversazioni.

Paolo e lo zio

--No! Non ci voglio tornare. Voglio dare un senso alla mia vita. [a]

--Va bene, allora addio! Me ne vado! [b]

--Perché la vuoi? Che cosa ci devi fare? [c]

--Non voglio tornare a lavorare. Voglio partire ed andare in Turchia. Mi dai la tua barca? [d]

--Ma che cosa dici? Quale senso? L'unico senso che devi dare alla tua vita si chiama "lavoro!" [e]

--Non ti darò mai la barca. [f]

--Tu devi tornare a lavorare. [g]

--Devo metterla in acqua e lasciare per sempre Roma e la mia vecchia vita. [h]

____, ____, ____, ____, ____, ____, ____, ____

Alberto e Carlo

--Carlo, ti devo dire una cosa importante. [a]

--Partire? Ma dove volete andare? [b]

--Spazio?!?! Tu sei un irresponsabile. [c]

--Vogliamo conoscere il mondo ed esplorare nuovi luoghi. [d]

--Che cosa? Vado di fretta, me la potresti dire dopo? [e]

--No!! Ho litigato con Livia e voglio riprendermi il mio spazio vitale! [f]

--No. Sono solo un uomo che vuole avere un'altra possibilità nella vita. [g]

--No! È urgente! Paolo, Alberto ed io abbiamo deciso di partire! [h]

--Voi siete pazzi!! E le vostre famiglie? E Livia, tua moglie, tuo figlio? Non t'importa di lasciarli? [i]

--Tu sei completamente folle![l]

____, ____, ____, ____, ____, ____, ____, ____, ____, ____

A 2) Indica se le seguenti frasi sono false oppure vere. Scrivi la frase corretta, quando rispondi falso.

1. Eugenio ritorna con Anna. **F V**
2. Eugenio vive con un'altra donna ed ha un figlio. **F V**
3. Eugenio fa il giornalista. **F V**
4. Anna diventerà nonna tra pochi mesi. **F V**
5. Anna ama ancora Eugenio. **F V**
6. Loro si sono lasciati cinque anni fa. **F V**
7. Anna resta con Eugenio. **F V**

AREA TEMATICA: IL CORPO UMANO

B 3) Indovina le parti del corpo umano.

1. La mano ne ha cinque....................................
2. Si usano per camminare.................................
3. Si trova tra la testa e le spalle.........................
4. Il nome del dito più lungo della mano è................., quello del dito più piccolo è..................................
5. Si trova tra la mano ed il gomito....................................
6. Tra la testa e le braccia ci sono le...................................
7. Ci metto sempre gli orecchini..
8. Quando voglio dare un bacio uso le...................................

B 4) Collega le seguenti espressioni con il loro significato.

1. La macchina è di seconda mano.
2. Ho messo le mani avanti.
3. Avere le mani bucate
4. Rimanere a mani vuote
5. Venire alle mani

[a] Spendere molti soldi
[b] Restare senza niente
[c] Litigare animatamente
[d] Mi sono cautelato.
[e] L'automobile ha già avuto un altro proprietario.

B 5) Scegli gli aggettivi opportuni per ogni categoria.

piccole, muscolose, grosse, affusolate, bianchi, biondi, mossi, verdi, magre, con un taglio scalato, obesa, neri, azzurri, a mandorla, grandi, media, robusta, snella, atletica, lisci, corti, lunghi, ricci, ondulati, con permanente, pelose, muscolosa, lunghe, dritte, sottili, con i colpi di sole, corte

Le Gambe	Gli Occhi	La Corporatura	Le Mani	I Capelli

GRAMMATICA: LE PREPOSIZIONI SEMPLICI ED ARTICOLATE

C 6) Completa le frasi con le Preposizioni Semplici.

a / da / di / in / per / su / tra / fra / con

1. Io vado..................Italia.
2. Noi viviamo................Roma.
3. Voi abitate............lei.
4. Ho comprato un regalo...........Giulia.
5. Vuoi venire al cinema ....noi?
6. Io sono......................Caserta.
7. Questo quaderno è...........mia sorella.
8. Francesca è tedesca, ma non vive..................Germania.
9. Si può andare....................piedi oppure................macchina.
10. Restiamo.....................casa stasera?

C 7) Completa con le Preposizioni Articolate.

della / nel / dalla / dei / alla / nello / sulla / sul / del / nei / al / dal / nella

1. Noi andiamo sempre.............bar la sera.
2. Mio padre va...............partita di calcio con il suo amico.
3. Le chiavi.................stanza sono..............cassetto.
4. La macchina.................dottore è accanto..............mia.
5. La torta....................signora è squisita.
6. ....camino puoi trovare le foto di famiglia.
7. Gli appunti di scuola sono..............zaino.
8. Oggi andrò..............dentista a fare la pulizia.......denti.
9. Andrò a vivere...............città più bella.......mondo.
10. ....parchi..........metropoli tu puoi passeggiare ed andare in bicicletta.

C 8) Completa con le Preposizioni Semplici ed Articolate.

1. ....un mese torno.........casa..........Italia.
2. La mia amica Livia mi aspetta.............stazione.......la sorella.
3. Noi abbiamo lezione...........11.00 e dopo andiamo............mensa.........mangiare. Noi torniamo............casa..................autobus.
4. Mi piace fare la spesa...........centro.......mia madre.
5. Voi cenate...............ristorante............"Marco" ogni sera...........8.00.
6. Ho fatto il giro..........paese.......bicicletta. Poi sono andata.......macchina fino ....albergo che si trova............centro storico.
7. La domenica Alberto ed io andiamo................montagna........fare un picnic...........erba. Noi ci divertiamo tantissimo...............i nostri amici. Facciamo lunghe passeggiate..........piedi e poi mangiamo i panini seduti..............panchine.
8. La domenica è un giorno molto speciale...........me. Io mi alzo...........8.00, vado ....chiesa e poi............trattoria...........il pranzo. Dopo, ...l'autobus vado..............stadio........la partita.........calcio. Ritorno.......casa...............il mio amico Marco che mi da sempre un passaggio.........la sua macchina.

QUARTA SEQUENZA

Paolo, Alberto e Adriano vanno a farsi un piercing. Anna va dal marito al lavoro e gli comunica che lo ha tradito con Eugenio. Gli dice anche che lo vuole lasciare perché è stanca della sua indifferenza. Anna comunica alla figlia che ha lasciato il marito e va a stare da Luisa, una sua amica. Paolo, Alberto e Adriano fanno il piano del loro viaggio. Adriano torna a casa, ma litiga con la moglie e le dice che vuole lasciarla. Carlo pensa a Francesca. Giulia si incontra con la madre e le chiede di ritornare dal padre.

ATTIVITÀ DI COMPRENSIONE

A 1) Ti ricordi la conversazione tra Anna ed il marito? Completa il dialogo con le parole della lista.

una storia / il momento / impazzita / bellissimi / ti amo
innamorata / emozione / una cosa / sconvolto

1. Voglio lasciarti. Non posso più stare con te perché non.................più.

2. Ma sei...........................? Che ti prende?

3. Non mi piace più stare con te. Non provo alcuna..........................

4. Allora è vero? Ma sei...............................di un altro uomo?

5. Ho avuto..........................tre anni fa ma ora è finita. Ti lascio perché ne ho abbastanza di te.

6. Ma come fai a dire.........................del genere? Non ti ricordi di tutti i bei momenti che abbiamo avuto? Io ho dei ricordi..........................!

7. Beato te perché io mi sono già dimenticata tutto.

8. Ma dove andrai? Con chi starai?

9. Mi stabilirò dalla mia amica Luisa per....................... Poi mi prenderò una casa in affitto.

10. Non so che cosa dire! Sono troppo...........................ora!! È un brutto **colpo** per me!

A 2) Riscrivi le seguenti frasi senza utilizzare il termine COLPO.

1. Dammi un colpo di telefono alle dieci.	
2. Il ladro ha sparato due colpi di pistola contro la polizia.	
3. Il forte rumore si è arrestato di colpo.	
4. Un colpo di vento ha fatto cadere tutte le piante del giardino.	
5. Il suo viaggio negli Stati Uniti è stato un colpo di testa.	
6. Con quel vestito nuovo hai fatto colpo.	
7. Vado all'ombra perché non voglio prendermi un colpo di sole.	
8. Il Governo è caduto! C'è stato un colpo di stato.	
9. Le sue dimissioni sono state un brutto colpo per tutti noi.	

AREA TEMATICA: IL CIBO

B 3) Anna e Giulia vanno al ristorante "da Michele." Inserisci i piatti del menu nelle varie categorie ed includi anche le porzioni e le quantità.

uno spicchio, spaghetti alle vongole, torta alle mele, pera, tagliatelle, carne alla griglia, un pizzico, more, merluzzo alle spezie, tiramisù, un goccio, ananas, lasagne, gnocchi al ragù, uva, involtino di pollo, torta mimosa, un etto, un cucchiaio, bistecca, cannelloni, pompelmo, un ciuffo, sfogliatella, pasta al forno, salsiccia e patate, un chilo, fragole, un litro, melone, strudel di noci, cotoletta, linguine al pesto, banana

1. PRIMI PIATTI

....

....

....

2. SECONDI PIATTI

....

....

....

3. FRUTTA

....

....

....

4. DOLCI

....

....

....

5. PORZIONI E QUANTITÀ

....

....

....

B 4) Scegli l'aggettivo che non è corretto per i vari alimenti della lista.

1. Il caffè è bollente / amaro / ristretto / freddo / lungo / cotto
2. La pasta è acida/ salata/ insipida / scotta / al dente
3. Il latte è scaduto / a lunga conservazione / fresco / scremato /maturo
4. Il dolce è al liquore / al limone / zuccherato / piccante / fresco
5. La salsa è al pomodoro / stagionata / al pesto / piccante
6. La frutta è scotta/ fresca / congelata / tagliata / lavata
7. La carne è al sangue / cotta / alla griglia / arrabbiata / al forno
8. Le patate sono fritte/ al forno / amare / bollite / tagliate
9. La verdura è di stagione / piccante / lavata / fresca / congelata

B 5) Cosa sono i seguenti luoghi? Scegli la risposta giusta tra quelle suggerite.

1. La paninoteca è **a)** un locale dove si compra il pane. **b)** un bar. **c)** un posto dove si mangiano i panini. **d)** un'edicola.

2. L'autogrill è **a)** un ristorante dove cucinano solo carne alla griglia. **b)** un negozio di auto. **c)** un posto di ristoro lungo le autostrade.

3. La pasticceria è **a)** un negozio dove si possono comprare dolci e paste. **b)** un negozio dove si può comprare il gelato. **c)** un ristorante dove servono solo la pasta.

4. La rosticceria è **a)** un allevamento di polli. **b)** un locale dove si possono comprare vivande calde o fredde (crocchette, panini, patatine fritte). **c)** una trattoria dove si mangia l'arrosto.

5. La birreria è **a)** una collezione di biro. **b)** un locale dove si beve la birra. **c)** una batteria per le auto.

6. L'enoteca è **a)** un locale per la degustazione e la vendita di vini. **b)** un ente pubblico. **c)** un parco acquatico. **d)** un enigma.

GRAMMATICA: FUTURO

C 6) Completa la lettera che Adriano scrive a Livia. Usa il FUTURO dei verbi tra parentesi.

Roma, 18 aprile 2006

Carissima Livia,
ti scrivo questa lettera per comunicarti che domani io (partire) .... [1] *con i miei amici. Noi (andare)* .... [2] *in Africa con il camper poi (prendere)* .... [3] *una barca e (salpare)* .... [4] *per l'Oceano Indiano. Noi (arrivare)* .... [5] *in Australia dopo due settimane. Quando io (avere)* .... [6] *la possibilità, io ti (chiamare)* .... [7]
Tu non (dovere) .... [8] *essere triste: io (ritornare)*.................. [9] *da te appena io (pensare)* .... [10] *di essere pronto. Quando nostro figlio Matteo (essere)* .... [11] *più grande, (comprendere)* .... [12] *la mia scelta.*
Ti abbraccio forte.
Il tuo Adriano

C 7) Completa la descrizione della giornata di Carlo con la forma del Futuro dei verbi nella lista. Fai attenzione alle forme dei verbi riflessivi.

cominciare / svegliarsi / farsi / uscire / preparare
incontrarsi / vedersi / chiamare / arrabbiarsi / alzarsi

Domani io .... [1] alle sette e .... [2] subito. .... [3] la barba e dopo una veloce colazione .... [4] per andare in ufficio. Alle nove, ... [5] con il mio collega Adriano ed insieme noi .... [6] il nuovo progetto. Dopo pranzo, io .... [7] con la mia nuova segretaria che .... [8] a lavorare per me la settimana prossima. Spero di non dimenticarmi del compleanno del mio amico Marco. Se non lo................................., [9] lui .... [10]!

C **8) Scrivi un breve paragrafo su che cosa farai la prossima estate. Ricorda di usare la forma del Futuro. Scrivi almeno 10 frasi.**

....

....

....

....

....

....

....

....

....

....

....

....

....

....

....

....

....

....

QUINTA SEQUENZA

Carlo chiama Francesca ed insieme vanno ad una festa di un'amica di lei. Carlo chiede a Adriano di mentire. Giulia va dal padre e gli chiede di fare del suo meglio per tornare con la moglie. I tre amici vanno a vedere un camper per il loro viaggio. Paolo torna a casa e trova il padre che sta morendo. Giulia compra una carrozzina. Adriano dice alla moglie che l'indomani se ne andrà. Il padre di Paolo muore e Giulia va a casa di Paolo per porgere le condoglianze e scopre che Adriano è lì, ma Carlo non c'è. Giulia chiama più volte Carlo al telefono, ma non lo trova.

ATTIVITÀ DI COMPRENSIONE

A 1) Ti ricordi chi ha detto le seguenti espressioni?

1. Ho bisogno di sentirmi vivo. **a)** Carlo **b)** Anna **c)** Marco

2. Come vuoi! **a)** Giulia **b)** Livia **c)** Anna

3. Quello è completamente andato. **a)** Paolo **b)** Carlo **c)** Alberto

4. Non ci piacciamo più. **a)** Adriano **b)** Paolo **c)** Alberto

5. Ci sarà una via d'uscita? **a)** Giulia **b)** Luisa **c)** Livia

6. Non stai facendo una prova di resistenza. **a)** Paolo **b)**Giulia **c)** Anna

7. Io ce la farò. **a)** Anna **b)** Francesca **c)** Carlo

8. Ti prego, ti fai solo del male. **a)** Alberto **b)** Marco **c)** Adriano

A 2) Collega gli aggettivi della colonna A con i loro opposti nella colonna B. Completa la telefonata di Giulia alla mamma con alcuni degli aggettivi dell'elenco.

A	B
1. Onesto/a	Incapace
2. Felice	Distratto/a
3. Fortunato/a	Insensibile
4. Razionale	Disonesto/a
5. Fedele	Impaziente
6. Capace	Odioso/a
7. Attento/a	Infelice
8. Sicuro/a	Irresponsabile
9. Paziente	Pessimista
10. Ragionevole	Sfortunato/a
11. Sensibile	Sgradevole
12. Responsabile	Irrazionale
13. Simpatico/a	Incolto/a
14. Gradevole	Insicuro/a
15. Ottimista	Infedele
16. Colto/a	Irragionevole

--Mamma! Io odio Carlo. Lui è una persona .... [1] e ....[2]! Lui ha un'altra donna! Non credevo fosse così ....[3] e .... [4]!

--Giulia calmati! Forse ti sbagli!

--No! Non mi sbaglio! Io non capisco come ho fatto a sopportarlo: lui è sempre stato .... [5], ... [6] E .... [7]! Io l'ho amato per sette lunghi anni. E lui non è neppure .... [8] mentre io sono molto più intelligente e colta di lui! Ma l'ho amato perché era sempre .... [9] e .... [10] con me! Ora non lo è più!

--Devi parlargli e chiedergli spiegazioni!

--No mamma! Non voglio parlare con lui! Basta! È finita!

AREA TEMATICA: LA CASA

B 3) Giulia vuole un appartamento più grande: inserisci i vari oggetti e mobili nelle stanze della sua futura casa ed aggiungine degli altri.

forchetta, poltrona, penne e matite, armadio, calcolatrice, lavandino, portapenne, tavolo e sedie, cassettone, pentole, libreria, forno a microonde, vasca da bagno, stampante, televisore, spazzolino da denti, coltello, forno, lampada, frigorifero, lavastoviglie, comodino, stereo, doccia, letto matrimoniale, divano, computer, libri, spazzola per capelli, padella

Nella camera da letto	Nel bagno	Nella cucina	Nel salotto	Nello studio

B 4) Carlo e Giulia hanno deciso di acquistare questa villa. Leggi il seguente annuncio immobiliare e scegli la risposta giusta tra quelle suggerite.

Si vende prestigiosa villa con piscina. La villa è su tre livelli: al piano terra ci sono un ampio salotto con camino e un angolo con televisore e stereo, un soggiorno con un lungo tavolo per otto persone, una cucina con tutti gli elettrodomestici, un bagno con lavatrice ed asciugatrice, uno studio con computer, stampante e libreria.

Al primo piano ci sono tre camere da letto: una matrimoniale con bagno e *lo spogliatoio,*[14] e due camere singole con vista sul giardino e sulla piscina. Le camere sono dotate di aria condizionata, televisore, telefono e *impianto*[15] stereo. Ci sono anche due bagni: uno con vasca, l'altro con doccia.

Al secondo piano c'è una *mansarda abitabile*[16] che è stata trasformata in palestra e zona relax: ci sono attrezzi per la ginnastica, una piccola sauna ed una vasca idromassaggio. Nella zona relax ci sono tre ampi divani in pelle ed una parete attrezzata con TV e schermo al plasma, hi-fi e un'ampia selezione di DVD e di libri che saranno lasciati agli *acquirenti.*[17]

Un vasto giardino con piante e fiori circonda la villa: la piscina si trova sul *retro*[18] della casa accanto al campo da tennis. Il garage è grande e c'è spazio per quattro macchine. La villa dispone di un servizio di telecamere a circuito chiuso ed un allarme collegato direttamente con la polizia. La casa si trova in una prestigiosa area residenziale, vicino al centro storico della città con negozi e supermercato raggiungibili anche a piedi. Il prezzo è molto conveniente. Telefona all'agenzia immobiliare per ulteriori informazioni.

1. Che tipo di abitazione è in vendita?
a) Un appartamento **b)** una mansarda **c)** una villa

2. La casa è su
a) due piani. **b)** tre piani. **c)** quattro piani.

3. Il soggiorno si trova
a) al piano terra. **b)** al primo piano. **c)** al secondo piano.

4. Le camere singole danno sul
a) garage. **b)** campo da tennis. **c)** giardino.

5. Nella mansarda ci sono molti
a) libri e DVD. **b)** tappeti. **c)** telefoni.

6. La piscina è
a) sul davanti della casa. **b)** sul retro della casa. **c)** accanto al garage.

7. La casa è
a) lontana dal centro storico. **b)** vicina al centro storico. **c)** a tre ore dal centro storico.

---

[14] *spogliatoio* = piccola stanza destinata al cambio dei vestiti
[15] *impianto* = apparecchio, attrezzatura
[16] *mansarda abitabile* = stanza ricavata all'ultimo piano di una casa, di solito sotto il tetto
[17] *acquirenti* = compratori
[18] *retro* = parte posteriore di un edificio

B 5) Collega le espressioni della colonna A con il loro significato nella colonna B.

A	B
1. Alzati e non essere sempre un poltrone!	**[a]** Il sisma ha lasciato molte persone senza una casa.
2. Mi ha messo al tappeto con la sua risposta.	**[b]** Non ho nessun segreto!
3. Non ho nessuno scheletro nascosto nell'armadio!	**[c]** Le lezioni che frequento sono noiose!
4. Il terremoto ha causato molti senzatetto.	**[d]** È impossibile parlare con una persona ostinata come te.
5. Questo corso che sto seguendo è un mattone.	**[e]** Dopo un'animata discussione, mi ha cacciato di casa!
6. Non posso parlare con te! È come parlare al muro.	**[f]** Non essere pigro!
7. Mi ha messo alla porta quando abbiamo litigato!	**[g]** Il mio più grande desiderio era di laurearmi in medicina.
8. Il mio sogno nel cassetto era di diventare un dottore.	**[h]** Mi ha messo KO!

GRAMMATICA: IMPERFETTO

C 6) Completa la seguente storia inserendo i verbi della lista all'Imperfetto.

avere / andare / recarsi / essere (3 volte) / studiare / piacere / guardare / vedere / divertirsi / leggere / preferire / preparare

Quando .... [1] bambina .... [2] gli occhi più chiari e i capelli più castani ed .... [3] la studentessa più bassa della mia classe. Non mi .... [4] andare a scuola perché l'insegnante ....[5] molto antipatica.

Io .... [6] la matematica, la storia, il latino, la geografia e l'italiano ma ....[7] la biologia. Dopo le lezioni, non .... [8] l'ora di tornare a casa perché mia madre mi .... [9] sempre il panino con la nutella.

Dopo i compiti io .... [10] il mio programma preferito alla televisione o .... [11] un bel libro.

D'estate noi .... [12] in Sicilia per le vacanze. Con i miei cugini .... [13] al mare e ci .... [14] tanto insieme!

C 7) Completa le seguenti frasi con l'Imperfetto dei verbi tra parentesi.

1. Quando mia sorella (essere) .... piccola, (leggere) .... sempre i romanzi rosa.

2. Nel mio paese una volta si (bere) .... molta grappa. Ora si beve solo vino rosso o bianco.

3. Di solito mio padre (uscire) .... molto presto la mattina. Oggi esce più tardi.

4. Per pranzo, noi (mangiare) .... il primo piatto ed il secondo quando noi non (essere) .... a dieta. In questi giorni mangiamo solo un piatto di verdura con del formaggio.

5. Da giovane, mio marito (lavorare) .... in uno studio medico durante il giorno e (fare) .... il cameriere la sera!

6. Quando i miei genitori (abitare).........................in Italia, (andare) .... in vacanza in Sardegna e ci (restare) .... per tre settimane.

C 8) Completa le seguenti frasi con la forma appropriata dei verbi tra parentesi. (Imperfetto o Passato Prossimo)

1. Ieri mattina, mentre io pulivo la casa, mio marito (dipingere) .... le pareti del garage.

2. L'anno scorso mio fratello Adriano e la sua ragazza (andare) .... in Francia per le vacanze. Loro (visitare) .... il Louvre e tanti altri bei musei.

3. Ieri mentre parlavo con la mia amica al telefono, mia madre (preparare)............... un dolce per la festa.

4. Da bambina io (giocare) .... spesso al parco vicino a casa mia.

5. Sabato scorso mio marito (partire) .... per un viaggio di lavoro.

6. Stamattina Paolo (alzarsi) .... alle 6.00 per andare a lavorare. Quando (essere) .... uno studente, (svegliarsi) .... di solito alle 9.00!

7. Lo scorso anno, io (terminare) .... i miei corsi all'Università di Roma e (trasferirsi) .... in America.

8. Il cantante già da piccolo (volere) .... diventare un artista famoso ma suo padre lo (vedere) .... come dottore.

SESTA SEQUENZA

Giulia si arrabbia con Adriano che non le vuole dire dove si trova Carlo. Solo dopo molte insistenze Adriano le confessa che Carlo è uscito con un'amica.

Giulia torna a casa e si dispera perché Carlo non le risponde al telefono. Quando Carlo ritorna finalmente a casa, Giulia gli fa una scenata di gelosia e lui decide di uscire e di andare da Francesca. Passa la notte da lei, ma l'indomani mattina ritorna da Giulia. Loro litigano furiosamente e Giulia lo caccia di casa perché non sopporta l'idea del suo tradimento.

Anna decide di ritornare dal marito che ha amato per trent' anni.

Paolo, Adriano e Alberto comprano il camper e decidono di partire.

ATTIVITÀ DI COMPRENSIONE

A 1) Dopo la visione della sequenza completa il seguente dialogo tra Giulia e Carlo con i vocaboli che hai sentito.

--Voglio .... [1] chi è quella .... [2]?

--È solo un'amica!

--................[3]!! È più ...... [4] di ...... [5]? Che cosa ci faccio io adesso con .... [6]?

--Giulia ...... [7] prego! Ascolta! Non essere così irragionevole. Lasciami spiegare!

--Io irragionevole! Sei tu quello che ...... [8] una storia e quello che mente tra i due! Non voglio più stare ...... [9] te!

--Aspetta, non .... [10] dire questo! Noi aspettiamo ..... [11] bambino!

--Io aspetto un .... [12]! Tu devi uscire dalla .... [13] vita. Adesso!

--Ti supplico Giulia! Non voglio .... [14] sola. Voglio stare con te ed il bambino!

--Devi .... [15]! Ora! .... [16]!

--Ma .... [17] me ne vado?

--Non me ne importa .... [18]! Vai a casa della tua "amica!" Non ti fare vedere più!

A 2) Indica se le seguenti frasi sono vere o false.

1. Carlo resta per sempre con Francesca.	**V**	**F**
2. Paolo telefona alla sua ex fidanzata.	**V**	**F**
3. I tre amici dormono nel nuovo camper.	**V**	**F**
4. Giulia va a casa di un'amica.	**V**	**F**
5. Giulia è molto contenta quando Carlo se ne va.	**V**	**F**
6. Carlo dorme una notte con Francesca.	**V**	**F**
7. Anna resta dalla sua amica.	**V**	**F**

A 3) Rispondi alle seguenti domande.

1. Il tuo fidanzato ti dice che ha una cotta per un'altra donna! Tu cosa fai?

   ....

   ....

2. La tua migliore amica abbandona la sua famiglia! Che cosa le dici?

   ....

   ....

3. Tua cugina si sposa per la quarta volta! Che cosa le auguri?

   ....

   ....

4. Tuo fratello ha divorziato dalla moglie che a te non piaceva! Come reagisci?

   ....

   ....

AREA TEMATICA: I VESTITI

B 4) Che cosa c'è negli armadi di Giulia e Carlo? Inserisci i loro vestiti nelle due colonne e ricorda che alcuni capi di abbigliamento possono essere indossati da entrambi.

calzini, calze, scarpe, sandali, stivali, gonna, borsello, camicetta, camicia, bikini, cravatta, pantaloni, camicia da notte, reggiseno, vestito lungo, impermeabile, vestito da sera, cappello, cappotto, sciarpa, cintura, borsa, smoking, giacca a doppiopetto, panciotto, pantofole, pigiama, foulard, scarpe con i tacchi a spillo, scarpe con i lacci

Nell'armadio di Giulia	Nell'armadio di Carlo

B 5) Identifica "l'intruso" tra le descrizioni dei seguenti capi di abbigliamento.

1. Una giacca può essere: **a)** a tinta unita **b)** di cachemire **c)** lunga **d)** di legno
2. Una maglietta può essere: **a)** a maniche lunghe **b)** a maniche corte **c)** a fiori **d)** onesta
3. Un vestito può essere: **a)** di seta **b)** di metallo **c)** di lana **d)** di cotone
4. Una gonna può essere: **a)** a maniche corte **b)** a fantasia **c)** a fiori **d)** lunga **e)** con spacchi laterali
5. Una camicetta può essere: **a)** a maniche lunghe **b)** a collo alto **c)** a maniche corte **d)** senza maniche
6. I pantaloni possono essere: **a)** sopra il ginocchio **b)** a righe **c)** con le maniche **d)** alla pescatora **e)** corti

B 6) Scegli dalla lista la parola giusta per ogni definizione. Ricorda di mettere l'articolo quando occorre.

guanti / impermeabile / cappuccio / minigonne / sciarpa di lana
scarpe con il tacco alto / borse / vestito

1. Mi metto sempre............................quando piove.
2. Per una sera elegante indosso sempre delle........................
3. Quando c'è vento oppure fa freddo mi metto sempre.......................
4. Mi piacciono ....grandi perché ci metto molte cose dentro.
5. In inverno porto sempre.........................
6. Mia sorella preferisce......................... alle gonne lunghe.
7. Al matrimonio indosserò ....di seta rosa.
8. Il mio cappotto ha ....in pelliccia.

GRAMMATICA: I PRONOMI DIRETTI E INDIRETTI E LE PARTICELLE CI/NE

C 7) Rispondi alle seguenti domande sostituendo le parole sottolineate con i Pronomi Diretti.

1. Hai visto *il nuovo film di Tom Hanks*? ***No, non lo (l') ho visto*!**
2. Hai comprato *gli spaghetti*? Sì,..
3. Avete chiamato *Arianna e Paolo?* Sì,..
4. Mia sorella ha portato *le bibite* alla festa? No,..
5. Hai preso *la borsa* di Anna? No,..
6. Avete preparato *le valigie*? Sì,..
7. Paolo ha letto *il giornale*? No,..
8. A Napoli loro hanno incontrato *Emilio*? Sì,..
9. Hai cucinato *le lasagne*? Sì,...
10. Hai messo *gli spinaci* nel frigo? No,..

C 8) Rispondi alle seguenti domande usando i Pronomi Indiretti.

1. Hai risposto *alla professoressa*? ***Sì, le ho risposto!***
2. Avete scritto *ai vostri genitori*? No,...
3. Tua madre ha detto tutto *a te*? No,...
4. Posso parlare *con il Signor Rossi*? Sì,...
5. Telefoniamo *a Paola*? No,...
6. Hai dato il regalo *ai tuoi genitori*? Sì,...
7. Dobbiamo telefonare *ai nostri amici*? No, ...
8. Ho detto *a te e a Marco* della festa? Sì,..
9. Il professore ha parlato *con te*? No,..
10. Hai comunicato *agli studenti* la novità? Sì,..

C 9) Rispondi alle seguenti domande usando i Pronomi Doppi.

1. Chi *ti* ha dato *quelle informazioni*? ***Me le ha date mio fratello!***
2. Hai portato *il regalo a Livia*?...
3. Hanno restituito *i libri a Francesca*?...
4. *Ci* avete portato *le scarpe*?..
5. *Mi* fai provare *quella gonna rossa*?..
6. *Le* dici *che ha ragione*?..
7. *Mi* mettete *la macchina* in garage?...
8. Signora, *mi* porterebbe *la scatola* per favore?...
9. Chi *vi* ha venduto *quel bel quadro*?..
10. Carlo, hai dato *da mangiare al cane*?...

C 10) Rispondi alle seguenti domande usando CI oppure Ne.

1. Io vado al cinema? ....vado sempre il lunedì.
2. Non............posso più di questa storia! Sono stanca!
3. Siamo andati in America, ...andiamo sempre in vacanza.
4. Vai a teatro stasera? Sì, ...vado con la mia ragazza.
5. Hai parlato con tuo marito del problema? No, non...........ho parlato.
6. Credi agli angeli? No, non..........credo. E tu? Io? Sì, ...credo!!
7. Perché non mi parli delle tue cose? ......parli con tutti ma mai con me!
8. Andiamo al bar? Quando........vuoi andare?

SETTIMA SEQUENZA

Carlo respinge Francesca e le dice che è tutto finito tra loro e subito dopo raggiunge Giulia a casa dei genitori. Giulia si arrabbia con la madre perché non vuole parlare con Carlo. Carlo e Giulia fanno la pace e ritornano insieme. Alla fine si sposano, comprano la casa nuova, un cane, ed avranno una bella famiglia.

Paolo, Adriano e Alberto partono per la loro avventura.

ATTIVITÀ DI COMPRENSIONE

A 1) Crea dei mini dialoghi con le frasi suggerite. Ti ricordo che i protagonisti sono Carlo e Giulia, Anna ed Emilio.

La vita è fatta di compromessi.

Non essere avventata.

Che facciamo? Lo facciamo entrare?

Non dobbiamo pensare che con il matrimonio la vita diventi monotona.

Non sei in grado di rinunciare a lui.

Devi recuperare le cose che fino a ieri ti hanno fatto felice.

Non sarà mai più come prima.

Andrà tutto bene.

Le parole contano quanto un colpo di vento.

Non smettere mai di crederci.

Dammi un'altra possibilità.

Non è questo che hai sempre sognato?

La mia vita non mi sembra niente male.

....

....

....

....

....

....

....

....

....

....

....

....

A 2) Nel film sono state dette alcune delle espressioni elencate di sotto. Collegale con il loro possibile significato.

1. Fare una capatina	**[a]** Essere uno psicanalista
2. Non capire un cavolo	**[b]** Spendere molto
3. Essere uno strizzacervelli	**[c]** Fare una buona impressione
4. Avere il conto in rosso	**[d]** Fare una cattiva impressione
5. Fare un figurone	**[e]** È molto costosa
6. Fare una figuraccia	**[f]** Andare in un posto per poco tempo
7. L'economia è in ginocchio	**[g]** Essere generoso e gentile con tutti
8. Spendere un occhio della testa	**[h]** Andare di corsa
9. Essere buono come il pane	**[i]** Non capire niente
10. La tassa è salata	**[l]** Essere molto legato alla madre
11. Andare a tutta birra	**[m]** Non avere soldi in banca
12. Essere un mammone	**[n]** L'economia è in cattive condizioni

A 3) Inserisci alcune delle espressioni sopra elencate negli appositi spazi.

1. Quando sono andata alla festa non mi sono accorta che avevo il vestito tutto macchiato. Ho fatto una....................................

2. Il conto al ristorante è molto....................................

3. Carlo ha fatto una bellissima presentazione. Lui ha fatto un.......................

4. Il contenuto del libro è molto difficile. Non capisco un......................

5. Mi piace molto il Professor Rossi. Lui è ....

6. Mio fratello ha 37 anni ed abita ancora con i miei genitori. Lui è proprio un...............................

AREA TEMATICA: ROMA

B 4) Roma è la città dove il film "L'Ultimo Bacio" è stato girato. Leggi il seguente brano e rispondi alle domande.

Roma è la capitale d'Italia, ma anche il capoluogo della regione Lazio. Denominata spesso *l'Urbe* o *la Città eterna*, con circa 2.823.201 abitanti e grazie alla sua storia millenaria, è una città unica ed una delle più visitate del mondo. Roma sorge sulle rive del fiume Tevere ed il suo centro storico si è sviluppato sulle colline *in corrispondenza*[19] dell'isola Tiberina. Molto famosi sono i sette colli su cui la città si è estesa: il colle Palatino, Aventino, Campidoglio, Quirinale, Viminale, Esquilino e Celio.

La città comprende una superficie molto vasta che include molte borgate e *frazioni:*[20] per questo motivo e per scopi amministrativi il grande territorio di Roma è stato ufficialmente diviso in 19 Municipi. Ogni Municipio riunisce parti di diversi *quartieri.*[21] I *rioni* invece sono le diverse ripartizioni in cui è suddiviso il centro storico.

I Rioni più famosi sono:

- **Monti** che è il nome del rione I di Roma. Il suo nome deriva dal fatto che comprendeva il colle Esquilino, il Viminale, parte del Quirinale e del Celio.
- **Trevi** è il rione II di Roma nel quale si trova la famosa piazza di Trevi.
- Nel rione **Colonna** si trova *Piazza Colonna* e il *Palazzo Chigi*, sede del Governo italiano.
- **Il Campo Marzio** era una zona della Roma antica di approssimativamente 2 km², inizialmente esterna ai confini cittadini. Oggi è il rione in cui si trova *Piazza di Spagna*.

Altri famosi Rioni sono **Parione**, **Regola**, **Sant'Eustachio** dove si trova il *Palazzo Madama*, sede del Senato italiano; il rione **Pigna; Campitelli** dove si trova il *Foro Romano* ed il *Campidoglio*; **Sant'Angelo**; **Ripa**; **Trastevere** che si trova sulla riva ovest (riva destra) del fiume Tevere, a sud della Città del Vaticano (in una scena del film "L'Ultimo Bacio," Paolo *si affaccia*[22] sul fiume Tevere dal rione Trastevere); nel rione **Borgo** si trova *Castel Sant'Angelo* e *Via della Conciliazione*. *Nei pressi di*[23] Via della Conciliazione si trova il negozio di oggetti religiosi di proprietà del padre e dello zio di Paolo che compare nel film.

Tra i quartieri più famosi oltre al quartiere Africano, Appio Latino, Ostiense, Nomentano, Salario e Centocelle, dobbiamo ricordare il quartiere dell'EUR, sede di diversi uffici amministrativi, che nel film l'Ultimo Bacio, appare in molte scene importanti.

1. Quali sono gli altri nomi con i quali la città di Roma è conosciuta nel mondo?

2. Dove si è sviluppato il centro storico della città?

3. Qual è, secondo te, il significato di borgata?

---

[19] *in corrispondenza* = vicino
[20] *frazione* = parte di un comune dotato di una certa autonomia
[21] *quartiere* = zona di una città
[22] *affacciarsi* = guardare fuori da una finestra, da un parapetto, da una porta
[23] *nei pressi di* = nelle vicinanze di

4. Che cos' è un rione? Quali sono i più famosi?

5. Fai una breve ricerca sui monumenti più famosi a Roma e collocali nei rioni di appartenenza.

6. Nel film compaiono molti luoghi famosi della città. Con l'aiuto della tua insegnante identificali e fai una ricerca sugli stessi.

B 5) Inserisci i luoghi turistici delle famose città italiane nei rispettivi riquadri.

Musei Vaticani, Trastevere, Mergellina, Piazza del Campidoglio, Canal Grande, Capodimonte, Fontana di Nettuno, Palazzo Pitti, Galleria degli Uffizi, Castel Sant'Angelo, Galleria Umberto I, il Colosseo, Piazza Plebiscito, Piazza di Spagna, Piazza San Marco, Porta Pia, Ponte Vecchio, Chiesa di Santa Maria Novella, Museo di San Martino, Fontana di Trevi, Basilica di San Pietro, Palazzo Vecchio, Piazza Navona, Il Campanile di Giotto, Rialto, Chiesa di Sant'Eustachio, Cattedrale di San Marco, Piazza del Popolo, Teatro San Carlo, Fori Imperiali

Roma	**Napoli**
Venezia	**Firenze**

B 6) Roma è la capitale dell'Italia ma anche il capoluogo di una regione. Collega gli altri capoluoghi italiani alle rispettive regioni.

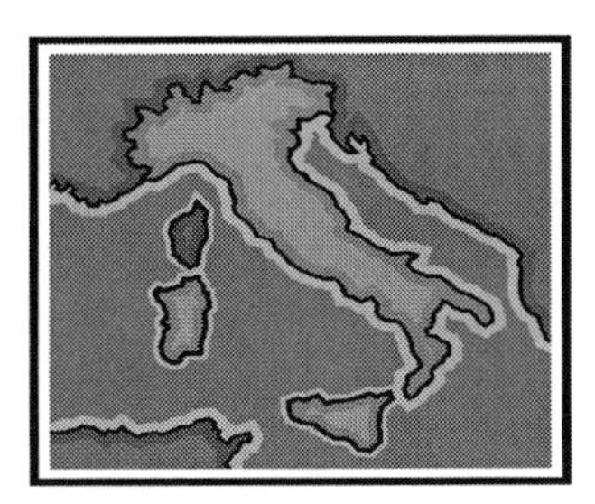

Campania	Venezia
Lazio	Potenza
Veneto	Perugia
Toscana	Aosta
Lombardia	Bologna
Sardegna	Napoli
Sicilia	Bolzano
Basilicata	Trieste
Puglia	Roma
Umbria	Campobasso
Liguria	L'Aquila
Piemonte	Milano
Valle d'Aosta	Ancona
Trentino Alto Adige	Firenze
Emilia Romagna	Genova
Friuli Venezia Giulia	Reggio Calabria
Molise	Cagliari
Abruzzo	Bari
Marche	Torino
Calabria	Palermo

GRAMMATICA: I COMPARATIVI ED I SUPERLATIVI

C 7) Completa le seguenti frasi con i Comparativi (Maggioranza e/o Minoranza e/o Uguaglianza). Ricorda di fare i necessari cambiamenti con l'articolo e le preposizioni opportune.

Esempio: *Venezia è più bella di Torino.* ***La Puglia è più interessante della Calabria.***

1. Livia è..................................Giulia.

2. Roma è..................................Milano.

3. Giulia è...............................Francesca.

4. Paolo ed Adriano sono..Carlo.

5. Anna è.......................................Eugenio.
6. Gli amici di Marco.......................................lui.
7. Francesca è...............................sua amica.
8. Paolo è................................sua ex-fidanzata.
9. Il camper dei ragazzi è..................................macchina di Paolo.
10. I genitori di Carlo sono............................genitori di Giulia.

C 8) Forma delle frasi con gli elementi dati. Ricorda di usare i Superlativi relativi.

1. Bari/ città/ vecchia/ Puglia

   ....

2. La Galleria Borghese/ museo/ importante/ città di Roma

   ....

3. La L.U.I.S.S/ università/ famosa/ Roma

   ....

4. La Scala/ teatro/ rinomato/ Milano

   ....

5. San Pietro/ cattedrale/ antica/ capitale

   ....

6. Il Tevere/ fiume/ lungo/ Lazio

   ....

ANSWER KEY

PRIMA SEQUENZA

A **1)** 1–Adriano; 2–Anna; 3-Alberto; 4–Paolo; 5-Emilio

A **3)** 1-contento; 2-felice; 3-che cosa; 4-a calcio; 5-discorsi; 6-il nome; 7-una femmina; 8-gusti

B **4)** La madre / Il padre; La figlia / il figlio; La nuora / Il genero; La sorella / Il fratello; La moglie / Il marito; La nonna / Il nonno

B **5)** 1-b; 2-c; 3-a; 4-a; 5-b

C **7)** 1-sono; 2-chiami; 3-sono; 4-siamo; 5-vai; 6-hai; 7-ho; 8-ha; 9-frequentiamo; 10-si trova; 11-vado; 12-sono; 13-studi; 14-sono; 15-ho; 16-lavoro; 17-insegna; 18-sono; 19-sembrano; 20-è; 21-litiga; 22-sono; 23-appare; 24-hanno; 25-devo

SECONDA SEQUENZA

A **1)** [b]; [g]; [c]; [i]; [d]; [e]; [a]; [f]; [m]; [h]; [l]

A **2)** 1-a,c; 2-a,d; 3-c,d; 4-a,b,d; 5-b,d

A **3)** 1-e; 2-g; 3-a; 4-c; 5-f; 6-b; 7-h; 8-d

B **4)** 1-l'uccello; 2-la scuola; 3-la strada; 4-la macchina; 5-il bambino; 6-la nave; 7-gli animali

B **5)** 1. la posta; 2. accanto; 3. la prima strada, sinistra, semaforo, di fronte

B **7) Suggested responses**: 1. discoteca; 2. scuola; 3. ospedale; 4. banca; 5. museo; 6. cinema; 7. biblioteca; 8. stazione; 9. stadio; 10. ufficio postale

C **8)** 1. siamo andati/e; 2. avete guardato; 3. è stata; 4. avete fatto; 5. è venuta; 6. hanno lavorato; 7. è arrivata; 8. ha bevuto; 9. sei partita; 10. ho scritto; 11. hanno preso; 12. sono rientrati

C **9)** 1. sono andato; 2. ho studiato; 3. ho incontrato; 4. hanno seguito; 5. abbiamo lavorato; 6. siamo andati; 7. abbiamo scelto; 8. abbiamo bevuto

TERZA SEQUENZA

A **1) Paolo e lo zio –** [g]; [a]; [e]; [d]; [c]; [h]; [f]; [b]
Alberto e Carlo – [a]; [e]; [h]; [b]; [d]; [i]; [f]; [c]; [g]; [l]

A **2)** 1-F; 2-V; 3-F; 4-V; 5-V; 6-F; 7-F

B **3)** 1-dita; 2-gambe; 3-collo; 4-medio, mignolo; 5-polso; 6-spalle; 7-orecchio; 8-labbra

B **4)** 1-[e]; 2-[d]; 3-[a]; 4-[b]; 5-[c]

B **5) Suggested responses:**
Le Gambe: pelose, muscolose, lunghe, corte, dritte, sottili, magre
Gli Occhi: verdi, neri, azzurri, a mandorla
La Corporatura: media, robusta, snella, obesa, atletica, muscolosa
Le Mani: piccole, grosse, affusolate
I Capelli: bianchi, biondi, mossi, lisci, corti, lunghi, ricci, ondulati, con i colpi di sole, con permanente, con un taglio scalato

C **6)** 1-in; 2-a; 3-con; 4-per; 5-con; 6-di; 7-di; 8-in; 9-a, in; 10-a

C **7)** 1-al; 2-alla; 3-della, nel; 4-del, alla; 5-della; 6-sul; 7-nello; 8-dal, dei; 9-nella,del; 10-nei,della

C **8)** 1-in, a, in; 2-alla, con; 3-alle, alla, a, a, in; 4-in, con; 5-al, da, alle; 6-del, in, in, all', nel; 7-in, a, sull', con, a, sulle; 8-per, alle, in, in, per, con, allo, per, di, a, con, con

QUARTA SEQUENZA

A **1)** 1-ti amo; 2-impazzita; 3-emozione; 4-innamorata; 5-una storia; 6-una cosa, bellissimi; 9-il momento; 10-sconvolto

A **2) Suggested responses:** 1-telefonami; 2-il ladro ha rivolto il tiro verso la polizia; ha tirato con un'arma da fuoco; 3-il forte rumore è cessato improvvisamente; 4-una folata di vento ha fatto cadere tutte le piante; 5-Il suo viaggio è stato un capriccio, una decisione irragionevole; 6-con quel vestito nuovo hai fatto una bellissima impressione; 7-vado all'ombra perché non voglio prendermi un'insolazione; 8-il governo è stato rovesciato; il governo ha perso l'esercizio del potere; 9-le sue dimissioni sono state una brutta sorpresa per tutti noi

B **3) PRIMI PIATTI:** spaghetti alle vongole, tagliatelle, lasagne, gnocchi al ragù, cannelloni, pasta al forno, linguine al pesto
SECONDI PIATTI: carne alla griglia, merluzzo alle spezie, involtino di pollo, bistecca, salsiccia e patate, cotoletta
FRUTTA: pera, more, ananas, uva, pompelmo, melone, fragole, banana
DOLCI: torta alle mele, tiramisù, torta mimosa, sfogliatella, strudel di noci
PORZIONI E QUANTITÀ: un pizzico, un goccio, un etto, un cucchiaio, uno spicchio, un ciuffo, un chilo, un litro

B **4)** 1-cotto; 2-acida; 3-maturo; 4-piccante; 5-stagionata; 6-scotta; 7-arrabbiata; 8-amare; 9-piccante

B **5)** 1-c; 2-c; 3-a; 4-b; 5-b; 6-a

C **6)** 1-partirò; 2-andremo; 3-prenderemo; 4-salperemo; 5-arriveremo; 6-avrò; 7-chiamerò;8-dovrai; 9-ritornerò; 10-penserò; 11-sarà; 12-comprenderà

C **7)** 1-mi sveglierò; 2-mi alzerò; 3-mi farò; 4-uscirò; 5-mi incontrerò; 6-prepareremo; 7-mi vedrò; 8-comincerà; 9-chiamerò; 10-si arrabbierà

QUINTA SEQUENZA

A **1)** 1-a; 2-c; 3-b; 4-a; 5-c; 6-b; 7-a; 8-c

A **2)** 1-Onesto/a – Disonesto/a; 2-Felice – Infelice; 3-Fortunato/a – Sfortunato/a; 4-Razionale-Irrazionale; 5-Fedele – Infedele; 6-Capace – Incapace; 7-Attento/a – Distratto/a; 8-Sicuro/a – Insicuro/a; 9-Paziente – Impaziente; 10-Ragionevole – Irragionevole; 11-Sensibile – Insensibile; 12-Responsabile – Irresponsabile; 13-Simpatico/a –Odioso/a; 14-Gradevole – Sgradevole; 15-Ottimista – Pessimista; 16-Colto/a – Incolto/a

Suggested answers: [1]-odiosa; [2]-infedele; [3]-insensibile; [4]-disonesto; [5]-irragionevole; [6]-irresponsabile; [7]-impaziente; [8]-colto; [9]-simpatico; [10]-attento

B **3)** **Nella camera da letto:** armadio, cassettone, comodino, letto matrimoniale
Nel bagno: lavandino, vasca da bagno, spazzolino da denti, doccia, spazzola per capelli
Nella cucina: forchetta, tavolo e sedie, pentole, forno a microonde, coltello, forno, frigorifero, lavastoviglie, padella
Nel salotto: poltrona, televisore, lampada, stereo, divano
Nello studio: penne e matite, computer, calcolatrice, portapenne, libreria, stampante, libri

B **4)** 1-c; 2-b; 3-a; 4-c; 5-a; 6-b; 7-b

B **5)** 1-[f]; 2-[h]; 3-[b]; 4-[a]; 5-[c]; 6-[d]; 7-[e]; 8-[g]

C **6)** 1-ero; 2-avevo; 3-ero; 4-piaceva; 5-era; 6-studiavo; 7-preferivo; 8-vedevo; 9-preparava; 10-guardavo; 11-leggevo; 12-andavamo; 13-ci recavamo; 14-ci divertivamo

C **7)** 1-era, leggeva; 2-beveva; 3-usciva; 4-mangiavamo, eravamo; 5-lavorava, faceva; 6-abitavano, andavano, restavano

C **8)** 1-dipingeva; 2-sono andati, hanno visitato; 3-preparava; 4-giocavo; 5-è partito; 6-si è alzato, era, si svegliava; 7-ho terminato, mi sono trasferita/o; 8-voleva, vedeva

SESTA SEQUENZA

A **1)** [1]-sapere; [2]-ragazza; [3]- un'amica; [4]-bella; [5]-me; [6]-te; [7]-ti; [8]-ha; [9]-con; [10]-puoi; [11]-un; [12]-figlio; [13]-mia; [14]-lasciarti; [15]-andartene; [16]-vattene; [17]-dove; [18]-niente

A **2)** 1-F; 2-V; 3-V; 4-F; 5-F; 6-V; 7-F

B **4)** **Nell' armadio di Giulia:** calze, scarpe, sandali, stivali, gonna, camicetta, bikini, camicia da notte, reggiseno, vestito lungo, impermeabile, vestito da sera, cappello, cappotto, sciarpa, cintura, borsa, foulard, scarpe con i tacchi a spillo
Nell'armadio di Carlo: calzini, scarpe, sandali, borsello, camicia, cravatta, pantaloni, smoking, giacca a doppiopetto, panciotto, pantofole, pigiama, scarpe con i lacci

B **5)** 1-d; 2-d; 3-b; 4-a; 5-b; 6-c

B **6)** 1-l'impermeabile; 2-scarpe con il tacco alto; 3-la sciarpa di lana; 4-le borse; 5-i guanti; 6-le minigonne; 7-il vestito; 8-il cappuccio

C **7)** 1-*No, non lo (l') ho visto*! 2-Sì, li ho comprati. 3-Sì, li abbiamo chiamati. 4-No, non le ha portate. 5-No, non l'ho presa. 6-Sì, le abbiamo preparate. 7-No, non l'ha letto. 8-Sì, lo hanno incontrato. 9-Sì, le ho cucinate. 10-No, non li ho messi.

C **8)** 1-Sì, *le ho risposto!* 2-No, non gli abbiamo scritto. / No, non abbiamo scritto loro. 3-No, non mi ha detto niente. 4-Sì, gli può parlare. 5-No, non le telefoniamo. 6-Sì, gli ho dato il regalo. / Sì, ho dato loro il regalo. 7-No, non gli dobbiamo telefonare. / No, non dobbiamo telefonare loro. 8-Sì, ci hai detto della festa. 9-No, non mi ha parlato. 10-Sì, gli ho comunicato la novità. / Sì, ho comunicato loro la novità.

C **9)** 1-*Me le ha date mio fratello*! 2-Sì, gliel' ho portato. 3-No, non glieli hanno restituiti. 4-No, non ve le abbiamo portate. 5-Sì, te la faccio provare. 6-No, non glielo dico. 7-Sì, te la mettiamo. 8-Sì, gliela porto. 9-Ce l' ha venduto Maria. 10-No, non gliel' ho dato.

C **10)** 1-ci; 2-ne; 3-ci; 4-ci; 5-ne; 6-ci, ci; 7-ne; 8-ci

SETTIMA SEQUENZA

A **2)** 1-[f]; 2-[i]; 3-[a]; 4-[m]; 5-[c]; 6-[d]; 7-[n]; 8-[b]; 9-[g]; 10-[e]; 11-[h]; 12-[l]

A **3)** 1-figuraccia; 2-salato; 3-figurone; 4-cavolo; 5-buono come il pane; 6-mammone

B **4)** 1-l'Urbe o la Città Eterna; 2-il centro storico si è sviluppato sulle colline in corrispondenza dell'Isola Tiberina; 3-la borgata è un grosso aggruppamento di edifici in una particolare area di una città metropolitana;4-il rione è una ripartizione del centro storico ed i più famosi sono Monti, Trevi, Colonna, ecc.

B **5)** **Roma:** Musei Vaticani, Trastevere, Piazza del Campidoglio, Fontana di Nettuno, Castel Sant'Angelo, il Colosseo, Piazza di Spagna, Porta Pia, Fori Imperiali, Fontana di Trevi, Basilica di San Pietro, Piazza Navona, Chiesa di Sant' Eustachio, Piazza del Popolo
Napoli: Mergellina, Capodimonte, Galleria Umberto I, Piazza Plebiscito, Museo di San Martino, Teatro San Carlo
Venezia: Canal Grande, Piazza San Marco, Rialto, Cattedrale di San Marco
Firenze: Palazzo Pitti, Galleria degli Uffizi, Ponte Vecchio, Chiesa di Santa Maria Novella, Palazzo Vecchio, Il Campanile di Giotto

B **6)** Campania / Napoli; Lazio / Roma; Veneto / Venezia; Toscana / Firenze; Lombardia/Milano; Sardegna/Cagliari; Sicilia/Palermo; Basilicata/Potenza; Puglia/Bari; Umbria/Perugia; Liguria/Genova; Piemonte/Torino; Valle d'Aosta/Aosta; Trentino Alto Adige/Trento; Emilia Romagna/Bologna; Friuli Venezia Giulia/Trieste; Molise/Campobasso; Abruzzo/L'Aquila; Marche/Ancona; Calabria/Reggio Calabria

C **8)** 1-Bari è la città più vecchia della Puglia. 2-La Galleria Borghese è il museo più importante della città di Roma. 3-La L.U.I.S.S. è l'università più famosa di Roma. 4-La Scala è il teatro più rinomato di Milano. 5-San Pietro è la cattedrale più antica della capitale. 6-Il Tevere è il fiume più lungo del Lazio.

APPUNTI

TITLES AVAILABLE FROM EDIZIONI FARINELLI

AP ITALIAN SERIES

Level 4 Ace the AP Italian Language & Culture Exam
ISBN 978-0-9786016-6-9

Level 3 AP Advanced Placement Italian Track
ISBN 978-0-9786016-7-6

Level 2 AP Advanced Placement Italian Track
ISBN 978-0-9786016-5-2

Level 1 AP Advanced Placement Italian Track
ISBN 978-0-9786016-1-4

This workbook series, with accompanying CDs, is designed to prepare students for the Advanced Placement® (AP) Italian Language and Culture Exam administered annually by The College Board. The books can be used in class or as self-study tools. All five components of the exam are incorporated in the comprehensive practice exercises: listening, reading, writing, culture and speaking.

IDIOMS AND EXPRESSIONS

Uffa!

Students can quickly build familiarity and develop a feel for how to use Italian idiomatic expressions by reading dialogues that explore issues foremost among young people – relationships with parents, friendship, school exams, choosing a career and more. The text also contains comprehension and grammar exercises as well as notes to clarify how certain verbs are used in idiomatic forms. An excellent AP® Italian preparation tool.

Separate answer key also available.

ISBN 978-0-9786016-3-8

LISTENING AND COMPREHENSION

EDIZIONI FARINELLI

FILM STUDY PROGRAM

Io non ho paura
ISBN 978-0-9795031-0-8
L'Ultimo Bacio
ISBN 978-0-9723562-3-7
Ciao, Professore!
ISBN 978-0-9786016-0-7

La Meglio Gioventù
ISBN 978-0-9786016-2-1
Pane e tulipani
ISBN 978-0-9795031-2-2
Cinema Paradiso
ISBN 978-0-978601

These film study texts divide each film into 20-minute sequences for use in class or for self study to improve understanding of spoken Italian. They include comprehension exercises, grammar activities, vocabulary builders and cultural readings. They also are helpful for students preparing to take standardized tests in Italian, such as the Advanced Placement® exam.

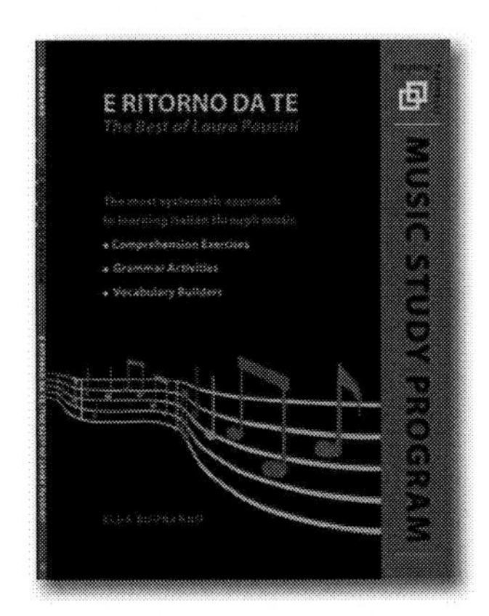

E RITORNO DA TE ISBN 978-0-9795031-1-5
(The Best of Laura Pausini)

This *Music Study Program* helps intermediate and advanced studentsof Italian deepen their knowledge of the language through focused listening to contemporary Italian music.

CULTURE

Non soltanto un baule

This advanced-level Italian reader captures the struggles that millions of Italians experienced in their search for a better life outside of Italy. Each immigrant's story, told through the voices of descendants or friends, richly expresses the emotion, pride and heartbreak of their emigration to the United States, Australia, Argentina or Canada. This reader helps prepare students for the Advanced Placement® (AP) Italian Language and Culture Exam.

ISBN 978-0-9723562-5-1

TITLES AVAILABLE FROM EDIZIONI FARINELLI

READERS AND EXERCISES

Jean e Roscoe vanno a Perugia

An intermediate-level Italian reader recounting the month-long adventures of two students studying the language in Perugia, Italy while learning to cope with the Italian way of life. Includes exercises for comprehension, grammar, conversation, writing and vocabulary.

Separate answer key also available.

ISBN 978-0-9723562-1-3

Diario della studentessa Jean (2nd Edition)

An advanced beginner-level Italian reader containing 23 easily readable, brief stories ranging from memories of childhood and events of daily life to dialogues about Italian class.

ISBN 978-0-9723562-7-5

Eserciziario per Diario della studentessa Jean

A comprehensive workbook for in-class use or self study to accompany the stories in *Diario della studentessa Jean* along with practice exercises on grammar points, such as prepositions, pronouns and irregular verbs.

Separate answer key also available.

ISBN 978-0-9723562-8-2

For more information or to order, contact:

EDIZIONI FARINELLI
20 Sutton Place South
New York, NY 10022
+ 1-212-751-2427
edizioni@mindspring.com
www.edizionifarinelli.com